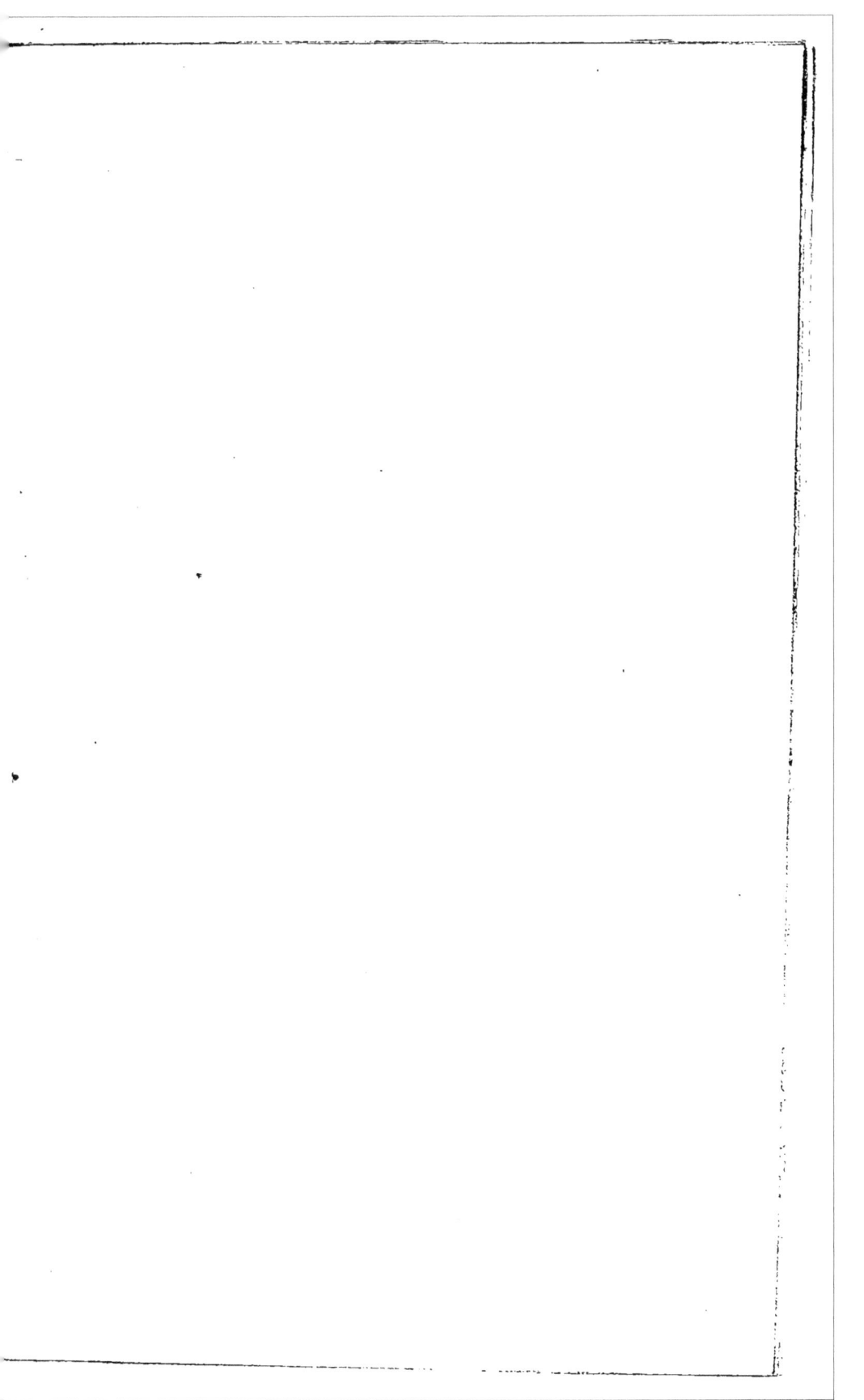

MGR PERRAUD

ÉVÊQUE D'AUTUN, CHALON ET MACON

MEMBRE DE L'ACADÉMIE FRANÇAISE

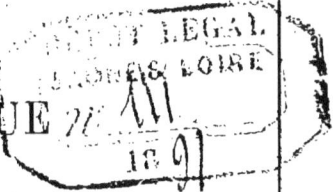

PANÉGYRIQUE

DE

SAINT BERNARD

PRONONCÉ

DANS L'ÉGLISE DE SAINT-MICHEL DE DIJON,

LE 16 JUIN 1891,

A L'OCCASION DU HUITIÈME CENTENAIRE DE LA

NAISSANCE DU SAINT

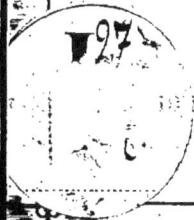

AUTUN

DEJUSSIEU PÈRE ET FILS, IMP. DE L'ÉVÊCHÉ

1891

PANÉGYRIQUE

DE

SAINT BERNARD

————◇————

ŒUVRES

DE

MGR PERRAUD

ÉVÊQUE D'AUTUN

MEMBRE DE L'ACADÉMIE FRANÇAISE

Œuvres pastorales et oratoires de Mgr l'Évêque d'Autun, quatre volumes grand in-8°.

Études sur l'Irlande contemporaine, deux volumes in 8°.

L'Oratoire de France au dix-septième et au dix-neuvième siècle, un volume in-8°.

Les Paroles de l'Heure présente, troisième édition, un volume in-12.

Oraison funèbre de Mgr Rivet, évêque de Dijon, prononcée le 6 novembre 1884.

A. de Lamartine, discours prononcé à Mâcon, le 21 octobre 1890.

Jeanne d'Arc, message de Dieu, discours prononcé à Orléans, le 8 mai 1887.

Trois Discours sur sainte Thérèse.

Le Bienheureux J.-B. de la Salle, trois discours prononcés dans la cathédrale d'Autun.

L'Église et la Liberté, discours prononcé dans la cathédrale de Clermont, le 19 mai 1887.

Instruction pastorale pour le second Centenaire de la Bienheureuse Marguerite-Marie (1890).

La Sanctification du Dimanche (Carême 1891).

Mᴳᴿ PERRAUD

ÉVÊQUE D'AUTUN, CHALON ET MACON

MEMBRE DE L'ACADÉMIE FRANÇAISE

——— .ọ. ———

PANÉGYRIQUE

DE

SAINT BERNARD

PRONONCÉ

DANS L'ÉGLISE DE SAINT-MICHEL DE DIJON,
LE 16 JUIN 1891,
A L'OCCASION DU HUITIÈME CENTENAIRE DE LA
NAISSANCE DU SAINT

AUTUN
DEJUSSIEU PÈRE ET FILS, IMP. DE L'ÉVÊCHÉ
1891

PANÉGYRIQUE

DE

SAINT BERNARD

——————◇——————

Ad ea quæ sunt priora... Quæ sursùm sunt.
En avant, en haut.
(Phil. III, 13. Coloss. III. 1.)

ÉMINENCE [1],
MESSEIGNEURS [2],
MES FRÈRES,

Dans ces exhortations de saint Paul, vous
entendez l'écho direct du mot d'ordre transmis
à tous les chrétiens par le divin chef de notre
milice, de Celui qui, pour fonder parmi les
hommes le règne de la paix véritable, est venu

---

1. S. Em. le cardinal Foulon, archevêque de Lyon.
2. NNgrs Oury, évêque de Dijon ; Ducellier, archevêque de
Besançon ; Lecot, archevêque de Bordeaux ; Turinaz, évêque de
Nancy ; Goux, évêque de Versailles ; Lelong, évêque de Nevers ;
Boyer, évêque de Clermont ; Marpot, évêque de Saint-Claude ;
Larue, évêque de Langres ; Bouvier, évêque de Tarentaise ;
Lagrange, évêque de Chartres ; Sonnois, évêque de Saint-Dié.

les armer du glaive[1] contre le démon, la chair et le monde.

Au premier rang de cette armée, toujours en lutte, marchent les saints. Ils portent bien haut l'étendard de la croix; ils se jettent dans la mêlée; ils nous entraînent à l'assaut de la céleste Jérusalem; et, par leurs exploits, plus encore que par leurs paroles, ils ne cessent de nous redire : « En avant et en haut ! *Ad ea quæ sunt priora ! quæ sursùm sunt !* »

A huit siècles de distance, je crois entendre les mêmes paroles retentir dans ce château de Fontaines[2] dont vous relevez si pieusement les ruines, autour du berceau d'un enfant prédestiné à être la gloire de la France et de l'Église.

« En avant ! » disait à ses fils le preux et féal serviteur de nos ducs de Bourgogne, Tescelin.

« En avant et en haut ! » reprenait Aleth, la noble fille des comtes de Montbard, cette femme vraiment forte qui voulut nourrir elle-même tous ses enfants de son lait, afin de leur transmettre plus sûrement la vivacité de sa foi, son mépris du monde, son ardent amour pour Jésus-Christ.[3]

---

1. Matth., x, 34.
2. Lieu de naissance de saint Bernard, à trois kil. de Dijon.
3. Quasi cum lacte materno materni quodam modo boni infundens eis naturam. (Guill. S. Theod. *Vita S. Bern.* c. 1.)

Quelle famille, chrétiens ! Si on lui applique la règle formulée dans l'Évangile « vous jugerez l'arbre par ses fruits[1] », que n'ont pas dû être les parents qui se sont acquittés avec tant de soin du ministère redoutable de l'éducation, et qui n'ont rien épargné pour faire monter toujours plus haut les êtres chéris confiés à leurs sollicitudes !

Rendez-en témoignage, vous, Gui, Gérard, André, Barthélemy, si habiles à manier la lance et l'épée dans les joutes militaires de votre temps ; plus intelligents et plus courageux encore, lorsque vous avez renoncé à toute gloire terrienne et séculière pour obéir à l'appel de la grâce ; et vous, séduisante Hombeline, si bien faite pour briller dans le monde dont vous avez commencé par connaître les périlleux agréments avant d'aller cacher derrière le cloître votre jeunesse et votre beauté ; et vous, petit Nivard, qui avez repoussé loin de vous avec une si charmante ironie la perspective de posséder tout seul l'héritage paternel, et revendiqué avec tant de fermeté votre part aux renoncements inspirés par la folie de la croix.[2]

1. S. Matth., VII, 16.
2. « Vous prenez le ciel, et vous me laissez la terre ! Le partage n'est pas égal. » (Guill. de S. Th., *Vie de saint Bernard*, l. I, c. III.)

Tescelin lui-même sera gagné par cette sublime contagion, et quand Aleth, morte comme
une sainte et qualifiée de Bienheureuse par nos
traditions bourguignonnes, aura quitté la terre
pour le ciel, lui aussi voudra revêtir la coule
monastique et mourir sous la bénédiction d'un
de ses fils, devenu son père dans l'ordre de la
vie spirituelle.

Mais dans ce groupe d'âmes prédestinées,
qui donc mieux que Bernard a compris et réalisé
l'invitation d'aller toujours aux plus hautes
pensées et aux actions les plus magnanimes ?

Dès le temps de sa jeunesse, il y a conformé
sa conduite; et voilà comment, bien avant sa
vingtième année, il lui fut donné de marcher à
pas de géant dans la voie étroite dont le Sauveur a dit qu'elle conduit à la vie. [1]

Arrivé à l'âge d'homme, et investi par la Providence d'un apostolat aussi grand que le monde
chrétien d'alors, il ne s'est servi de son influence
sur ses contemporains que pour les engager
sans cesse par son exemple à la pratique des
plus nobles et méritoires vertus.

Mais c'est surtout dans le travail caché accompli au-dedans de lui-même, sous le regard

---

1. Ps. xviii, 6, Matth., 14.

de Dieu seul, que, sans jamais avoir jeté un regard en arrière [1], ni connu la moindre défaillance, il a toujours fait effort pour aller en avant et en haut, *ad ea quæ sunt priora; quæ sursùm sunt!*

J'aurais voulu méditer en silence ces grands enseignements et n'être que l'auditeur respectueusement attentif des voix éloquentes qui ont célébré depuis deux jours ou qui célébreront encore les gloires de saint Bernard. Mon affection filiale pour votre vieil évêque, Mgr Rivet, de vénérable mémoire, m'a fait un devoir de me rendre sans retard à l'invitation du pieux et zélé pontife qui a recueilli son héritage. Il m'a semblé que je ne pouvais lui mieux témoigner mes sentiments fraternels qu'en obéissant à son désir.

Je ne commencerai pas sans avoir imploré le secours de la créature bénie qui a inspiré à saint Bernard les plus tendres effusions de sa piété. Depuis bien des siècles, les chrétiens donnent à la sainte Vierge un titre tout chevaleresque, emprunté à la langue féodale, quand ils l'appellent NOTRE DAME. J'invoque cette très haute et puissante protectrice. Avec son dévot

---

1. Luc. IX. 62.

serviteur, j'aime à lui redire les paroles dont
la tradition a tiré la touchante prière du *Souvenez-vous :* « Que celui-là, ô Marie, garde le
» silence sur votre miséricorde, qui pourra se
» souvenir de vous avoir jamais invoquée en
vain[1] ! » O clémente, ô pieuse, ô douce Vierge
Marie[2], daignez bénir cette imposante assem-
blée et faire servir mon discours à la gloire de
votre divin Fils !

I

Les Saints ne s'acheminent pas tous par les
mêmes voies vers les cimes de la perfection.

Parmi eux, il en est qui ont commencé par
ignorer ou par méconnaître la loi de Dieu. C'est
une grâce de conversion qui a été les prendre
au fond de l'abîme pour les ramener à la lumière,
à la vérité, au bien, et leur inspirer le regret

---

1. Sileat misericordiam tuam, Virgo beata, si quis est qui invo-
catam te in necessitatibus suis sibi meminerit defuisse. (S. Bern.
serm. IV in Ass., n° 8).

2. *O clemens, ô pia, ô dulcis virgo Maria !* Ces paroles furent
ajoutées par saint Bernard à l'antienne *Salve Regina* dans la
cathédrale de Spire, le 24 décembre 1146. L'Eglise catholique les
a inscrites dans sa liturgie. (Voir l'*Histoire de saint Bernard*, par
M. l'abbé Chevallier, t. II, p. 163.)

d'avoir « aimé trop tard la Beauté toujours an-
cienne et toujours nouvelle. »[1]

Bernard a été de ceux dont l'Esprit-Saint
dit que « leur lumière a toujours été gran-
» dissant depuis les premiers rayons jusqu'à la
» splendeur du plein midi. »[2]

Quelle aimable et ravissante aurore que l'adolescence du fils de Tescelin et d'Aleth !

Ses parents, qui ont voulu lui donner de
bonne heure l'habitude du travail et l'aider à
développer par l'effort personnel les riches
facultés dont il était doué, l'ont confié aux soins
des chanoines de Saint-Vorles, à Châtillon-sur-
Seine. Guillaume de Saint-Thierry, qui fut le
disciple de saint Bernard en même temps que
son plus ancien historien, nous trace du jeune
écolier le portrait suivant :

« Rempli d'esprit naturel, il s'appliquait au
» travail avec une attention bien au-dessus de
» son âge. Il pratiquait l'obéissance à l'égard
» de ses parents ; la douceur, la bienveillance
» et la reconnaissance envers tous. Il n'avait de
» goût ni pour les sorties, ni pour les compa-
» gnies nombreuses, ni pour les longs entre-

1. S. Aug. *Conf.* l. X, ch. xxvii.
2. Justorum semita quasi lux splendens procedit et crescit usque ad perfectam diem. (Prov. iv, 18.)

» tiens. Mais doué d'une admirable aptitude à
» se recueillir, il aimait à demeurer au dedans
» de lui-même [1]; et là, plongé dans un com-
» merce assidu avec Dieu, il se tenait en garde
» contre les dangers de son âge; et s'il étudiait
» la science humaine avec ardeur, c'était afin
» de devenir capable d'être initié à une science
» plus haute. »

Oui vraiment, dès l'aube de sa vie, dès le
premier éveil de sa raison et de sa liberté, Bernard « disposait dans son cœur les ascensions
» qui font monter l'âme fidèle vers le Seigneur,
» Dieu des vertus [2]. »

Que l'écolier de Saint-Vorles soit devenu maître dans les lettres humaines, ses œuvres en
rendent témoignage. Il peut soutenir la comparaison avec les plus illustres écrivains ecclésiastiques du quatrième et du cinquième siècle,
et il tient une place très honorable à la suite
des Pères de l'Église latine, saint Ambroise,
saint Jérôme, saint Augustin, saint Léon le
Grand.

Mais s'il apporte tant d'application au travail; s'il cherche à conquérir le premier rang

1. Amans habitare secum, mire cogitativus. (G. de S. Theod.,
t. I. c. 1.)
2. Ps. LXXXIII

dans les luttes d'émulation engagées avec ses condisciples, ce n'est pas pour contenter un vain orgueil. Il a déjà horreur de la science qui n'a d'autre but que de se satisfaire elle-même et de briller devant les hommes [1].

Il veut aller plus haut et se rendre capable d'être initié à l'intelligence du Livre qui renferme la parole et les plus secrets desseins de la sagesse divine [2].

Ce fut donc au temps de ses premières études qu'il se prit pour la Bible d'un goût, je puis même dire d'une passion, qui exerça l'influence la plus directe et la plus profonde sur toute la suite de ses destinées.

Il la lira, la relira sans cesse, tantôt dans sa cellule, durant ces veilles qu'il prolonge souvent au delà de toute force humaine, et tantôt au milieu du silence et de la solitude des forêts, à l'ombre des chênes et des hêtres qu'il appelle agréablement « ses amis et ses maîtres dans l'art de la méditation [3]. »

Ce sera là pour lui plus tard un des secrets

1. In Cant. Serm. XXXVI, n° 2.
2. Litterarum studio deditus per quas in scripturis Deum disceret et cognosceret. (Guillelmus de S. Theod., t. I., c. 1.)
3. In meditando et orando nullos aliquando se magistros habuisse, nisi quercus et fagos, joco illo suo gratioso inter amicos dicere solet. (Id.. ib.)

de son incomparable puissance sur les hommes. Mais au temps de son adolescence, et avant qu'il fût engagé dans les labeurs de la vie publique, le commerce assidu de Bernard avec les Saintes Écritures fut un des principaux moyens dont Dieu se servit pour lui tracer sa voie et décider de sa vocation.

« Aimez les Écritures, écrivait saint Jérôme à » Rusticus, et vous n'aimerez pas les vices de la chair. » [1]

C'est le chaste amour de la parole de Dieu qui a permis à Bernard de ne pas succomber aux périlleuses tentations de son âge, auxquelles s'ajoutaient pour lui des dangers plus particuliers. Sa naissance, sa fortune, la distinction exquise de sa personne, sa réserve presque sauvage à l'égard du monde, sa crainte instinctive des relations qui auraient pu porter la moindre atteinte à l'innocence de ses mœurs, tout cela surexcitait contre lui la rage de l'enfer et le désignait à ses plus perfides et violentes attaques. Elles ne lui firent pas défaut.

Je ne saurais redire ici les détails de certains assauts livrés à ce ravissant jeune homme pour

---

1. Ama scientiam scripturarum et carnis vitia non amabis. (S. Hieron., ep. 125, ad Rust., n° 10.)

le découronner de l'auréole de son exquise pureté[1]. A les lire, on tremble de peur et on tressaille d'admiration.

Une seule fois, fut-ce par inadvertance ou par faiblesse? Bernard laissa son regard s'arrêter quelques instants avec complaisance sur un visage de femme en qui resplendissait l'éclat de la beauté. Mais revenu bien vite de cette surprise, il résolut de se punir; et, avec l'héroïque imprudence des saints, il alla se plonger dans les eaux de l'étang situé au bas du château de Fontaines. Il en sortit à demi mort de froid, mais il avait conquis la palme immaculée promise par le Saint-Esprit aux victoires de l'âme sur les sens[2].

Quelle est donc, chrétiens, la force intime qui soulevait cet adolescent au-dessus des tentations les plus séduisantes, et l'élevait d'autant plus haut qu'il était plus violemment combattu?

Recueillons-nous et efforçons-nous de comprendre une des plus étonnantes merveilles opérées dans le monde par la divine vertu de l'Évangile.

1. Voir Guillaume de Saint Thierry, l. I. ch. III.
2. In perpetuum coronata triumphat, incoinquinatorum certaminum præmium vincens. (Sap., IV, 2.)

L'homme qui ne procède que de la chair et du sang n'a que du mépris pour l'idéal. Il le traite de pure chimère. Il se raille de ceux qui lui sacrifient les avantages et les joies de la vie présente. Il affecte de ne voir dans ces renoncements qu'une contradiction inintelligente aux instincts et aux lois mêmes de la nature; pour lui, la religion qui inspire de tels sacrifices est une religion de mort.

Rien n'est plus opposé à la vérité que ces jugements inspirés par une sagesse que, dans son rude langage, saint Jacques ne craint pas d'appeler « animale et diabolique. »[1]

Déjà, par un sublime pressentiment de ce que le monde devait avoir un jour le bonheur de connaître, de posséder et d'aimer, Platon avait dit cette grande parole : « Ce qui fait le » prix de cette vie, c'est le spectacle de la » Beauté éternelle. »[2]

Pour nous, chrétiens, cette Beauté, loin d'être une vague et froide abstraction, est tout ce qu'il y a de plus réel, de plus personnel, de plus vivant. La perfection idéale est venue à nous, et elle a mis à notre portée ses chastes et im-

1. S. Jacques, III, 15.
2. Platon, *le Banquet.*

mortels attraits. Le Verbe fait chair a conversé et a vécu avec les hommes, il a ravi leurs cœurs; il a inspiré aux meilleurs d'entre eux un amour sur lequel il a fondé son règne, et qui ne cesse pas d'inspirer des prodiges de renoncement et de dévouement.

Non, ce n'est pas à la mort que conduisent les immolations sublimes de la chasteté. Écoutez ce que dit, ou plutôt ce que chante saint Augustin, dans son traité de la musique :

« La continence, c'est l'action par laquelle » l'âme, aidée de son Dieu et de son Seigneur, » s'arrache à l'amour de la beauté inférieure, » et prend son vol vers Dieu, son bien stable et » solide. Or, tandis qu'elle monte à ces hautes » régions et goûte par avance dans cette ascen- » sion les joies éternelles, qui serait capable de » l'attrister? »[1]

Nous avons le secret des victoires de Bernard. Le regard du cœur fixé sur la Sagesse éternelle, il lui redit avec l'élan de ses vingt ans les paroles qu'elle-même a inspirées à un de ses serviteurs : « Je l'ai aimée et recherchée » dans les jours de ma jeunesse. Épris de sa » beauté, j'ai demandé à l'avoir pour épouse,

1. S. Aug. *De la musique*, t. VI, n° 50.

3

» parce que la joie pure est dans son amour,
» la vertu sans tache dans ses œuvres, la pru-
» dence dans ses entretiens et la gloire dans ·
» ses conseils. » [1]

Dès lors, continue notre adolescent emporté
par son enthousiasme, comment aimerais-je
ces idoles de boue et de chair que je ne pour-
rais posséder qu'au prix du péché, c'est-à-dire
de l'offense de Dieu et de la mort de mon âme?

Arrière donc, et à tout jamais, ces fascina-
tions de la frivolité et ces ivresses des passions
qui trompent et perdent tant d'hommes. En
avant et en haut! *Ad ea quæ sunt priora! quæ
sursùm sunt!*

Mais dans cet élan, Bernard n'a pas trouvé
seulement le courage de s'élever au-dessus des
plaisirs coupables. Il dépassera la région des
devoirs et des préceptes pour monter jusqu'à la
sphère des conseils. Il ira plus loin et plus haut.
Il sait que « la mesure d'aimer Dieu, c'est de
l'aimer sans mesure [2]; » il fera généreusement
le sacrifice des joies les plus légitimes, afin de
suivre d'aussi près que possible Celui qui, pour
nous témoigner son amour, a voulu se soumettre

1. Sagesse, VIII.
2. Modus diligendi Deum, sine modo diligere. (*De dil. Deo*
cap. I.)

aux humiliations de la crèche et aux souf-
frances de la croix. Voilà pourquoi au moment
où « les prospérités de ce monde se dressaient
» devant lui et faisaient briller à ses regards les
» plus riantes espérances [1] », il voulut y renon-
cer et s'acheminer jusqu'aux sommets de la vie
parfaite.

Saintes audaces de nos vocations sacerdotales
et religieuses, vous continuez à recruter les
milices choisies à l'aide desquelles l'Église
affermit et étend parmi les hommes le règne
de vérité et de charité que Jésus-Christ est
venu fonder sur la terre. C'est toujours le même
amour de l'idéale Beauté qui ravit ces cœurs
de vingt ans et leur communique la force de
se séparer du monde « avec ce magnanime
» oubli de soi qui est la gloire de la jeunesse,
» avec cet enthousiasme invincible et pur que
» rien ici-bas ne saurait atteindre ni égaler. »[2]

Souvent, comme Bernard, ces jeunes gens,
ces jeunes filles qui renoncent à tout pour suivre le Maître dans la voie âpre et étroite des
conseils évangéliques, imposent à des parents

1. Assurgere prosperitates vitæ hujus et magnæ spes undique
arridere. (Guill. de S. Theod., c. III.)
2. De Montalembert, *les Moines d'Occident.* t. V. p. 386.

tendrement aimés des sacrifices sanglants. Il le
sentait bien, ce père à qui Dieu demandait
l'immolation d'une de ses filles, au moment
même où sa plume retraçait les prodiges de
grandeur morale accomplis dans le monde par
l'institut monastique. Mais sa foi, plus forte que
les instincts de la nature, dictait à l'historien
des moines d'Occident cette page d'une si pathé-
tique éloquence : « Un Dieu seul peut mériter
» de tels abandons et remporter de tels triom-
» phes. Voilà le grand secret, la clef de ce su-
» blime et douloureux mystère. Ce Jésus dont
» la divinité est tous les jours insultée ou niée,
» la prouve tous les jours, entre mille autres
» preuves, par ces miracles de désintéressement
» et de courage qui s'appellent des vocations.
» Des cœurs jeunes et innocents se donnent à
» lui pour le récompenser du don qu'il nous a
» fait de lui-même. Le sacrifice qui nous cru-
» cifie n'est que la réponse de l'âme humaine
» à l'amour d'un Dieu qui s'est fait crucifier
» pour nous. »[1]

Or, tandis que le souffle d'en haut entretient
cette flamme d'enthousiasme et de dévouement
qui peut seul nous défendre contre les froides

---

[1]. De Montalembert. *les Moines d'Occident*, t. V, p. 386.

ténèbres de l'incrédulité et de l'égoïsme, l'esprit du mal met tout en œuvre pour l'étouffer.

Jaloux de l'influence exercée sur les âmes par le sacerdoce catholique, il voudrait l'empêcher de se recruter. Sous prétexte d'égalité, il impose à nos lévites des obligations, dont le moindre inconvénient est d'interrompre, pour un temps notable, la préparation très spéciale à laquelle la sagesse de l'Église a toujours soumis les futurs ministres du sanctuaire. Il espère ainsi les décourager, peut-être même les dégoûter de leur sainte vocation.

De même, pour se débarrasser des ordres religieux, il crée des lois d'exception sur lesquelles il compte pour détruire par la famine, sans violence et sans bruit, ces légions d'hommes et de femmes qui ne réclament de leurs concitoyens que le droit de prier et de s'immoler.

Vous aurez beau faire, vous ne réussirez pas à éteindre parmi nous le feu sacré. « Plus » on comprime la flamme, dit l'auteur de » l'*Imitation*, plus elle monte. »[1]

Ainsi en a-t-il été de Bernard et de ses com-

---

1. Sicut vivax flamma et ardens facula sursum erumpit secureque pertransit! (*Imit. Chr.*, l. III, c. v.)

pagnons. En vain le monde a voulu les retenir dans la captivité de ses honneurs et de ses plaisirs. Ils ont passé outre. Quand l'heure a sonné pour eux d'obéir à l'appel de la grâce, ils rompent les dernières attaches qui les retenaient et ils partent. Entendez-les qui chantent avec David : « Si le Seigneur n'avait été » avec nous, le torrent nous aurait engloutis; » mais nous voici libres[1]. » En avant et en haut !

II

C'était au printemps de 1113 que ces trente jeunes hommes, après s'être essayés pendant deux ans dans leur pieuse retraite de Châtillon à une vie de règle, de silence et de prière, allaient frapper à la porte de Cîteaux[2] pour solliciter « la miséricorde de Dieu » et l'habit des novices.

Avec quelle sincérité, au moment où il franchissait le seuil du monastère, Bernard se redi-

1. Ps. cxxiii.

2. A cette époque et jusqu'au Concordat, Cîteaux appartenait au diocèse de Chalon-sur-Saône. Dans le remaniement de la France ecclésiastique, opéré en 1802, il a été rattaché au diocèse de Dijon.

sait au dedans de lui-même les paroles du psal-
miste dont sa méditation s'était souvent
nourrie : « J'ai choisi d'être le dernier dans
» la maison de mon Dieu. Car un seul jour
» passé dans sa demeure vaut mieux que mille
» jours ». [1]

Mais se cacher ne lui suffit pas. Son ambition
va plus loin. Il voudrait désormais être « oublié
comme un mort. [2] » Oui, disparaître à tout
jamais aux regards des hommes ; être absolument inconnu, comme si l'on n'existait pas ;
puis, « se clouer à la croix de Jésus-Christ [3] »,
et se livrer à une pénitence terrible et inin-
terrompue : tel est l'unique désir de Bernard. Il
n'entrevoit pas d'autre perspective. Le comble
de ses vœux sera que son histoire humaine
finisse au moment même où il a creusé un
abîme infranchissable entre le monde et lui.

Mais il est écrit que les pensées et les voies
de Dieu diffèrent souvent des nôtres [4], même
quand nous n'avons d'autre intention que de
connaître et d'accomplir sa volonté.

Tandis que Bernard espère traverser rapidement ce monde sans attirer l'attention de

1. Ps. LXXXIII, 11.
2. Oblivioni datus sum, tanquam mortuus a corde (Ps. XXX).
3. Gal., II, 19.
4. Is., LV, 8.

personne, on croit entendre une voix d'en
haut redire à son sujet les paroles prophé-
tiques dictées par le Seigneur à Isaïe : « Voici
» mon serviteur que j'ai choisi et en qui j'ai
» mis mes complaisances. Je lui communiquerai
» mon esprit et il notifiera mes jugements aux
» nations. A cause de sa parfaite loyauté et
» rectitude, il sera le gage de mon alliance
» avec mon peuple, *Serve meus, Jacob et rectis-*
» *sime, quem elegi.* » [1]

De ce novice si humble qui ne demande
qu'à être enveloppé dans un éternel oubli,
Dieu va se servir, d'abord, pour rétablir dans
sa ferveur primitive l'institut monastique et lui
communiquer un nouvel essor; puis, pour
exercer sur la société contemporaine l'action à
la fois la plus profonde et la plus étendue. A
cet égard, rien ne s'applique d'une façon plus
saisissante à la vocation de Bernard que la
comparaison à l'aide de laquelle Notre-Seigneur
a révélé aux hommes la fécondité des renoncements inspirés par son amour.

Ce séduisant cavalier de vingt-deux ans est
devenu semblable au grain de blé que, dans les
jours d'automne, la main du semeur jette
dans le sillon où bientôt la herse le recou-

---

1. Is., xlii, 6 ; xliv, 2.

vrira d'une épaisse couche de terre. L'hiver
et ses frimas passent sur ce sépulcre et ils y
opèrent la décomposition et la mort. Tout
semble fini : voici au contraire que tout commence. De cette mort naît la vie. De ce germe
qui a pourri dans l'humidité, sous les pluies et
les neiges, sort un brin d'herbe que la sève
puisée dans les entrailles de la terre gonfle et
fait monter. C'est le Sauveur lui-même qui dit
à ses apôtres et aux foules dont il est entouré,
ce merveilleux poème que la nature met chaque
année en action sous nos yeux. [1]

Voyez-les dans nos guérets, ces épis qui ont
traversé l'épreuve d'un long et cruel hiver.
Quand le chaud soleil de juillet les aura dorés
et mûris, 'ils célébreront leur victoire sur la
mort par l'hymne d'action de grâces dont
nous trouvons l'écho dans un psaume de
David. [2]

Prêtez l'oreille à ce chant triomphal des blés
que cueillera bientôt la faucille du moissonneur.

Nous montons vers la lumière, semblent-
ils nous dire. En elle, comme dans une source

---

1. Ultro terra fructificat, primum herbam, deinde spicam,
deinde plenum frumentum in spica. (Marc, IV, 28.)

2. Valles abundabunt frumento! Etenim hymnum dicent!
(Ps. LXIV).

féconde, nous puisons la vie que nous communiquerons aux hommes lorsque, broyés sous la meule et soumis à une seconde mort, nous serons devenus le pain qui réparera leurs forces défaillantes et les soutiendra dans leurs rudes labeurs.

Il en est de même, chrétiens, des âmes que Dieu appelle à la vie parfaite. Elles aussi doivent commencer par mourir. Puis l'heure de la résurrection arrive. Elles sortent de la nuit et du tombeau; elles montent vers le soleil de justice; elles y puisent, comme dans une source intarissable, la vérité et la sainteté dont elles nourriront ensuite un grand nombre d'autres âmes.

Prêtres et religieux qui m'écoutez, et vous chers jeunes gens de nos séminaires, qui vous préparez à gravir les ascensions des ordres sacrés, acceptez généreusement les sacrifices de mort d'où la grâce du Seigneur fera sortir pour vous et pour vos frères une vie surabondante[1]. Avec vous, je salue la fécondité de vos renoncements et je m'associe au cantique de votre enthousiasme et de votre reconnaissance.

1. S. Jean, x, 10.

Au moment où Bernard, accompagné de ses frères, de ses oncles et de quelques amis, sollicitait son admission à Cîteaux, ce monastère se mourait de consomption. Dès l'année suivante (1114), il surabondait de sujets, et il devenait urgent d'envoyer des colonies au dehors. [1]

En 1115, Bernard avait vingt-quatre ans, et il ne comptait qu'une année de profession religieuse. Un jour, la cloche du monastère sonne pour convoquer la communauté. L'abbé Étienne Harding appelle les noms de douze moines auxquels il donne mission d'aller faire une fondation dans une contrée sauvage située entre Langres et Troyes. Après avoir entonné le psaume *Benedictus*, il prend une grande croix de bois et la remet aux mains du frère Bernard, investi par là même du titre d'abbé et d'une paternité spirituelle à laquelle Dieu devait donner bientôt les bénédictions les plus extraordinaires.

Plus la pénitence est austère à Clairvaux (c'est le nom de la fondation nouvelle), plus les vocations y affluent. De toutes parts on.

---

1. La première fille de Cîteaux fut établie dans la vallée de la Grosne et reçut le nom symbolique et significatif de *Firmitas*, la Ferté, « en signe de l'affermissement de l'Ordre cistercien. » Ce monastère, dont il ne reste plus que des ruines, est situé dans le diocèse d'Autun.

sollicite la grâce de vivre sous la direction du
jeune abbé.

Bientôt la Bourgogne, la Champagne, l'Ile-
de-France, la Flandre, l'Allemagne, l'Italie,
l'Espagne, l'Irlande, la Suède demanderont à
posséder chez elles des moines formés à l'école
de Bernard. En 1153, année de sa mort, il avait
fondé cent quatre-vingts monastères, et laissait
à Clairvaux sept cents religieux. [1]

Lui-même un jour ne put s'empêcher de
jeter un cri d'admiration en présence de la
multiplication presque miraculeuse de sa famille
spirituelle.

« Quel plus étonnant prodige, dit-il dans
» un de ses sermons, que de voir un si grand
» nombre de jeunes gens, d'adolescents, de
» nobles, se fixer ici comme dans une prison où
» aucune chaîne ne les retient, et y pratiquer
» avec une telle persévérance une pénitence
» qui va au delà de toute force humaine et
» dépasse la nature ? » [2]

Hélas ! la prison volontaire où les disciples
de saint Bernard n'étaient enchaînés que par

1. Geoffroy de Clairvaux, secrétaire de S. Bernard, *Vie*, l. V,
ch. III.

2. Premier sermon pour la dédicace de l'Église, n° 2. *(Œuvres,*
éd. Gaume, t. II. p. 2270.)

les liens de la charité, est devenue, par une cruelle ironie des événements, une maison de détention où des criminels subissent les châtiments infligés par la justice des hommes.

Les contemporains de saint Bernard et lui-même ont donc vu, de leurs yeux, se réaliser la loi mystérieuse formulée par le Sauveur et la plus merveilleuse fécondité sortir du sacrifice et de la mort volontaires.

En même temps que l'abbé de Clairvaux entraînait un grand nombre de ses contemporains vers les hauteurs du renoncement, il prenait sur tous les ordres de la société un ascendant qui allait faire de lui l'homme le plus écouté de son ·siècle, investi d'une autorité morale devant laquelle pâlissent tous les autres pouvoirs, civils ou ecclésiastiques.

On peut sans exagération lui appliquer le mandat donné par le Seigneur au prophète Jérémie : « Voici que j'ai mis mes paroles dans ta » bouche. N'aie peur de personne. Tu iras et » tu parleras. Je t'établirai au-dessus des » peuples et des rois, et je serai avec toi pour » t'aider à détruire et à édifier. » [1]

La personne seule de Bernard, quand il

1. Jér., I., 9, 10.

paraît devant les foules, les pénètre d'une religieuse et profonde émotion. Ce visage pâle et
exténué par les jeûnes et les veilles, ce corps
qui n'est que l'enveloppe transparente d'une
âme tout ardente de foi et de charité, ce regard
d'une angélique pureté d'où jaillissent des éclairs
et des flammes, sa haute et noble stature, son
geste sobre et puissant : tout cela sert admi-
rablement l'éloquence de l'homme de Dieu. Au
témoignage de ses contemporains, sa parole
écrite ne saurait donner l'idée ni de l'onction
exquise ni du feu de ses discours. [1]

Il y mettait un tel accent que les populations
d'Outre-Rhin, dont il ne savait pas la langue,
étaient plus émues d'entendre la voix de l'orateur que d'être initiées par des interprètes au
sens de ses paroles. On voyait en effet les
auditeurs se frapper la poitrine, verser des
larmes abondantes, et, ce qui valait mieux
encore, se convertir du péché à la vertu, ou
s'élever de la vie chrétienne ordinaire à la vie
parfaite. Toujours et partout, l'abbé de Clairvaux entraînait les âmes à sa suite et les

---

1. Siquidem diffusa erat gratia in labiis ejus et ignitum eloquium
ejus vehementer, ut non posset ne ipsius quidem stilus, licet
eximius, totam illam dulcedinem, totum retinere fervorem.
(Gaufr., *Vita S. B.*, t. III, c. III.)

faisait monter avec lui vers les hautes régions, *ad ea quæ sursùm sunt!*

Parlez, ô Bernard, l'Europe vous consulte ! Elle a confiance en vous. Elle n'attend pour se décider dans les questions les plus obscures qu'un mot de votre bouche !

Parlez, et le schisme de l'Eglise romaine cesse, et les hérésies rationalistes et antisociales d'Abélard, d'Arnaud de Brescia, de Pierre de Bruys sont vaincues.

Parlez, et, nouveau Pierre l'Hermite, vous soulevez la chevalerie féodale et vous donnez à son activité mal dirigée un but sublime en lui montrant Jérusalem et le tombeau du Christ captif sous le joug des Musulmans.

Parlez, car de toutes parts on s'adresse à vous et à votre charité. Vous êtes le vengeur du droit méconnu, le champion de toutes les causes persécutées, le redresseur de tous les torts, le promoteur de toutes les grandes entreprises.

Parlez aux papes, aux évêques, aux rois de la terre ! Parlez pour les instruire, parlez même pour les reprendre. Le Seigneur est avec vous, et il se sert visiblement de vous soit pour détruire, soit pour édifier : *ecce dedi verba mea in ore tuo... ut dissipes et ædifices !*

Voilà comment cet homme, qui a voulu n'être rien, voit le monde à ses pieds, et le domine avec une sorte de puissance souveraine moins faite de son génie que de sa sainteté, et dont on ne trouve aucun autre exemple dans l'histoire.

Pouvait-il s'élever davantage ? Ne semble-t-il pas qu'il fût arrivé à l'apogée de la grandeur et de l'autorité ?

Cependant il est monté plus haut.

Assurément, il est beau de devoir à son seul mérite des dignités dont on ne fasse usage que pour exercer une influence plus respectée et plus décisive.

Mais il est encore plus glorieux de savoir se passer des honneurs qui sont le signe ordinaire de la supériorité du talent et du caractère, et de servir les hommes sans recevoir d'eux aucune rémunération.

Les contemporains de saint Bernard auraient voulu proportionner sa situation extérieure à ses travaux et à ses mérites. Aussi vit-on se renouveler plusieurs fois à son sujet les scènes qui avaient eu lieu dans les premiers siècles, lorsque, par exemple, le peuple de Milan acclamait Ambroise, simple catéchumène, comme évêque de l'illustre cité. Les églises de Châlons-

sur-Marne, de Langres [1], de Reims, de
Gênes, réclamèrent tour à tour de se placer
sous la houlette pastorale de l'abbé de Clairvaux. Les cardinaux réunis en conclave après
la mort d'Honorius auraient voulu le faire
asseoir sur la chaire de saint Pierre. Toutes
ces tentatives échouèrent contre l'inébranlable
résolution de Bernard. Il entendait n'être que
moine, et demeurer jusqu'au bout dans un
désintéressement absolu vis-à-vis des gran-
deurs humaines. Son autorité morale ne fit
que s'en accroître, et lui-même était obligé de le
reconnaitre lorsqu'il écrivait à son disciple
Eugène III : « On dit que je suis plus pape
» que vous. » [2]

Enfin, mes chers auditeurs, il faut que nous
le suivions encore dans une nouvelle ascension.

S'il est grand de recevoir de ses semblables
les marques de leur estime et de leur reconnaissance dans les dignités dont ils sont les
dispensateurs, il est plus grand encore de se
dévouer à eux et de les servir sans rien recevoir en retour. Mais ce qui dépasse tout, c'est

1. Dans le diocèse duquel se trouvait Fontaines, lieu de
naissance de saint Bernard.
2. Lettre 239°,

de travailler pour les hommes et d'en être récompensé par les injustices et les humiliations.

Saint Bernard a été jusque-là, et, comme saint Paul le dit de Moïse, il a eu part aux opprobres de Jésus-Christ. [1]

Un jour, un des personnages les plus considérables de la cour romaine, le chancelier du pape Honorius, fatigué des réclamations incessantes que lui transmettait l'abbé de Clairvaux, écrira dédaigneusement à cet avocat des opprimés : « Quand donc les grenouilles ren» treront-elles au fond de leurs marais et cesse» ront-elles de nous fatiguer de leurs coasse» ments importuns ? » [2]

Le pape Innocent II devait tout à saint Bernard qui seul avait eu assez de crédit sur les rois de France et d'Angleterre, l'empereur d'Allemagne, le roi de Suède et les grandes républiques du Nord de l'Italie, pour leur persuader de ne pas reconnaître l'antipape Anaclet. L'abbé de Clairvaux avait multiplié les démarches, les discours, les lettres, les voyages lointains et fatigants pour soutenir et affermir la cause de celui qu'il estimait en conscience

1. Hebr., xi, 26.
2. S. Bernard, lettre 48e.

être le légitime successeur de saint Pierre.
Le succès avait couronné ses efforts; et on peut
dire que l'Europe chrétienne était redevable à
Bernard de n'avoir pas connu deux siècles plus
tôt les douleurs et les scandales du grand schisme
d'Occident. Cependant Innocent, lui aussi,
trouva que le zèle du moine français l'entrainait
trop loin et qu'il prenait trop à cœur tant de
causes que de toutes parts on venait recom-
mander à sa charité. Il le lui fit sentir, et lui
infligea une disgrâce qui dut paraitre bien
amère à l'homme, mais où le saint trouva un
moyen assuré de s'élever au-dessus des révol-
tes de la nature.

Ce n'est pas tout. Bernard devait aussi connaître les vicissitudes et les brusques retours
de la faveur populaire. Les foules avaient
acclamé avec enthousiasme celui dont la voix
puissante les avait soulevées pour les enrôler
dans la croisade. Mais toujours promptes à ne
juger de la valeur des hommes que par le
succès, elles s'étaient immédiatement retour-
nées contre l'abbé de Clairvaux lorsqu'elles
avaient appris les revers et la fatale issue
de cette expédition. Il fut rendu responsable de
toutes les fautes commises par les croisés, et
ce ne fut bientôt dans toute l'Europe qu'une

immense clameur contre lui. Loin de s'en troubler, il s'estima heureux d'avoir part comme son maitre au *Crucifigatur* de la Passion. Il se réjouit très sincèrement d'être le point de mire des critiques, des accusations, des blâmes, et de pouvoir ainsi servir de bouclier à la divine Providence en empêchant les traits empoisonnés des blasphémateurs d'atteindre jusqu'à elle. [1]

C'est ainsi que, pendant la longue et féconde période de sa vie publique comme dans les crises les plus décisives de son adolescence, Bernard est allé toujours par les chemins les plus âpres, mais les plus droits, aux cimes de la vertu chrétienne : *Ad ea quæ sunt priora, quæ sursùm sunt.*

Cette loi magnifique des ascensions nous apparaitra dans une lumière encore plus décisive, si nous cherchons à pénétrer dans la vie intime de cette grande âme et à saisir le ressort secret de ses constants efforts vers la perfection.

---

1. Malo in nos murmur hominum esse. Bonum mihi, si dignetur me uti pro clypeo. Libens excipio in me detrahentium linguas maledicas et venenata spicula blasphemorum, ut non ad scipsum perveniant. (*De consid.*, t. II, c. 1.)

III

Que sont, en effet, les labeurs accomplis au
dehors par les saints, même dans les existences
les plus mêlées aux événements les plus impor-
tants de l'histoire de l'Église et du monde
politique, en comparaison de ce qu'ils ont fait
dans le sanctuaire réservé de la conscience,
sous le seul regard du Père « qui voit dans le
secret? » [1]

Ne peut-on pas appliquer à ces nobles âmes
ce que nos livres sapientiaux disent des œuvres
du Créateur dans leur relation avec l'essence
divine? Quoi de plus admirable, s'écrie l'écri-
vain sacré, que la magnificence du soleil, l'ordre
et l'éclat des étoiles, l'éblouissante blancheur
de la neige, et tous les autres phénomènes du
monde physique où se montrent si bien la
sagesse du suprême artiste de l'univers? [2]
Cependant, ces merveilles incomparables ne
sont rien auprès des trésors renfermés dans le

1. Matth., VI.
2. Eccli., XLIII.

sanctuaire de l'Être divin, inaccessible aux
investigations des mortels. [1]

De même, pour bien connaître les saints, il
ne suffit pas d'avoir étudié leur vie extérieure,
si glorieuse et féconde qu'elle ait pu être. Il
faut, selon la règle des mystiques, aller du
dehors au dedans, afin de s'élever à l'intelligence des mobiles supérieurs qui ont été la
cause déterminante de leurs actions. [2]

Je ne l'ignore pas. Cette analyse psycholo-
gique est plus difficile que le récit des faits
dont se compose la vie des saints; mais elle est
aussi plus utile. La plupart du temps, leurs
œuvres sont placées bien au delà et au-dessus
de notre portée. Si nous pouvons et devons
les admirer, chercher à les reproduire serait
de notre part une présomption téméraire.

Il n'en est pas de même des principes
d'après lesquels ils ont agi. C'est ici que tous,
sans exception, ont le droit de nous répéter la
parole de saint Paul : « Soyez mes imitateurs,
» comme moi-même je suis l'imitateur de
» Jésus-Christ. » [3]

1. Multa abscondita sunt majora his ; pauca enim vidimus
operum ejus. (Eccli., XLIII, 36.)

2. Ab exterioribus ad intima; ab imis ad summa (S. Bonav.,
Itiner. mentis ad Deum, c. I.)

3. I Cor., IV, 16; XI, 1.

C'est la foi qui est la base nécessaire de tout l'ordre surnaturel. Sans elle, l'espérance et la charité seraient impossibles; elle est la première et indispensable condition pour plaire à Dieu. [1]

De la foi de saint Bernard, je dirai seulement deux mots que j'emprunte l'un à lui-même, l'autre à un de ses plus anciens historiens.

Il avait un jour appelé un de ses religieux pour lui confier une mission dont la difficulté ne pouvait être surmontée que par une sorte de miracle de foi. Le moine avait obéi. Cependant il avait ressenti au dedans de lui-même une certaine hésitation. De retour au monastère, il alla se jeter aux pieds de son abbé et lui fit l'humble aveu de ses doutes. Le saint se hâta de lui pardonner et lui dit ces simples et belles paroles : « O mon fils! rien n'est si » nécessaire au chrétien que la foi. Ayez donc » la foi et tout ira bien pour vous jusqu'à la » fin de votre vie. » [2]

Le chroniqueur ajoute cette réflexion qui,

---

1. Hebr., xi, 6.
2. Dico tibi, fili, quia nulla res est tam necessaria omni christiano quam fides. Habe ergo fidem et bene tibi erit omnibus diebus vitæ tuæ. (Eremita Joannes, *Vita S. Bern.*, l. II, n° 3.)

à elle seule, vaut un panégyrique : « O bon
» Jésus! qui pourra jamais faire connaître de
» quelle foi ce saint était animé! » [1]

Avec la foi, l'humilité est aussi le fondement nécessaire de la perfection.

Saint Augustin se sert d'une comparaison très
simple pour faire comprendre la place réser-
vée à l'humilité dans la vie chrétienne.

« Voulez-vous être grand? dit le saint doc-
» teur, commencez par être petit. Vous avez
» le dessein de construire un édifice très haut :
» avant tout préoccupez-vous de creuser les
» fondations. En effet, plus l'édifice devra être
» élevé, plus il faudra que le fondement soit
» profond. » [2]

J'applique cette comparaison aux œuvres et à
l'humilité de saint Bernard.

Ses œuvres? Nous venons de voir à quelle
hauteur elles se dressent dans l'histoire géné-
rale du douzième siècle, et combien elles dépassent tout ce qui s'est fait autour d'elles, soit
dans l'Église, soit dans la société civile. Elles

---

1. O bone Jesu, fidem quam habuit iste sanctus, quis enar-
rare potest? (Id., ib.)

2. Magnus esse vis? a minimo incipe. Cogitas magnam fabricam
construere celsitudinis? De fundamento prius cogita humilitatis;
quanto erit majus ædificium, tanto altius fodit fundamentum. (S.
Aug. Serm. 10. *De verbis Domini.*)

nous indiquent avec une exactitude presque mathématique à quelle profondeur a dû être établie l'humilité qui devait supporter un tel poids de services, de vertus et de gloire. *Quanto majus ædificium, tanto altius fundamentum.*

Ce fondement d'une humilité proportionnée à la mission extraordinaire dont il devait être investi, Bernard avait commencé à y travailler dès les premiers jours de sa jeunesse. Au moins autant que son amour pour la chasteté, l'humilité fut un des mobiles déterminants de sa vocation.

« S'il se résolut à quitter le monde et à en-
» trer dans l'ordre de Cîteaux, dit Guillaume de
» Saint-Thierry, ce fut dans l'espoir qu'il pourrait
» ainsi se perdre dans les profondeurs du sein
» de Dieu et demeurer entièrement ignoré des
» hommes. Il voulut se garantir contre toutes
» les tentations de vaine gloire que pouvaient
» lui inspirer la noblesse de sa naissance, la
» vivacité de son esprit, et même le renom de
» sainteté qui commençait à se faire autour de
» lui. »[1]

---

1. Posse se existimans omnino ibi delitescere et abscondi in abscondito faciei Dei ab omni conturbatione hominum, maximeque ad effugium vanitatis, seu de sæculari generositate, seu de acrioris ingenii gratia, seu etiam forte de alicujus nomine sanctitatis. (Guill. de S. Theod. n° 8.)

Mais quoi! les saints ont donc une certaine conscience de ce qu'ils sont et de ce qu'ils valent? Que devient alors l'humilité? Celle-ci ne consiste-t-elle pas à se méconnaître entièrement soi-même et à se tenir pour rien?

Ce difficile et intéressant problème vaut la peine d'être examiné de près. Il me donnera l'occasion de mettre en lumière une admirable théorie de saint Bernard. Nous allons voir comment l'humilité a été comprise par un homme d'une vaste intelligence, habitué à envisager toutes les questions par leurs grands côtés et à les résoudre par les plus belles et les plus hautes raisons.

L'humilité ne peut pas être contraire à la vérité. Saint Paul n'a pas dit : « Je ne suis rien », il a dit : « Je suis ce que je suis par la grâce de » Dieu, et elle n'a pas été stérile en moi. »[1]

Voici ce que saint Bernard écrivait un jour à un évêque espagnol qu'il voulait féliciter de son amour du recueillement, de son application à l'étude, de son zèle et de sa charité : « Je sais » des personnes qui, pour ne pas succomber » au piège satanique de l'orgueil, affectent de » méconnaître les dons qu'elles ont reçus de

1. I Cor., xv, 10.

» Dieu. Pour moi, j'estime que je dois me ren-
» dre compte de ce qu'il m'a donné : afin de
» remplir envers Dieu le devoir de la reconnais-
» sance, de veiller sur ses dons, et de ne pas
» m'exposer à les perdre ; enfin, pour savoir
» ce qui me manque et le demander à Dieu. »[1]

C'est bien ainsi que saint Bernard a compris
et pratiqué l'humilité. Lui non plus n'a jamais
dit : Je ne suis rien ; mais il a été vraiment
humble, parce qu'il a toujours très exactement
renvoyé à l'auteur de toute sagesse et de toute
grâce le mérite de ses actions et de ses vertus.

Aussi, la promesse faite à l'humilité par notre divin Sauveur s'est pleinement réalisée dans
sa vie : plus il s'est humilié, et plus il a été
exalté.[2]

Je ne parle plus seulement ici de la puissance
exceptionnelle dont il a été investi sur les hommes et sur les affaires de son temps. Outre
cette grandeur extérieure et publique, il a été
élevé, par le Dieu qui favorise les humbles,
jusqu'à l'intelligence des mystères les plus réser-
vés de la théologie mystique. Il a été, et il demeure un des maitres les plus expérimentés de

1. Lettre 372e à P., évêque de Palencia, écrite en 1147.
2. Matt., xxiii, 12.

cette science qui mérite bien d'être appelée spécialement « la science des saints ». [1]

« J'irai devant toi, avait dit le Seigneur à un
» prince dont il voulait faire le précurseur de
» ses miséricordes sur Jérusalem. Je briserai
» devant toi les portes d'airain, je te ferai part
» de mes richesses cachées et je t'ouvrirai le
» sanctuaire de mes secrets. » [2]

Dans un autre ordre bien supérieur à celui des missions politiques, l'abbé de Clairvaux a vraiment été cet élu de Dieu [3], auquel le Seigneur lui-même a voulu servir de guide pour lui faire comprendre les opérations les plus mystérieuses de sa grâce, et le mettre en possession de ses plus précieux trésors.

Hélas! le temps me presse, et je ne puis m'arrêter comme je l'aurais voulu, ni aux *Commentaires du Cantique des Cantiques*, ni au *Traité de l'amour de Dieu*.

Je quitte à regret ces cimes de la contemplation baignées dans une si pure lumière, et sur lesquelles on aimerait tant pouvoir se fixer.

---

1. In scientia sanctorum proficientes. (Oraison de la fête de saint Jean de Kenty, polonais, docteur et professeur à l'université de Cracovie, 20 octobre.)

2. Ego ante te ibo et dabo tibi thesauros absconditos et arcana sanctorum. (Is., XLV.)

3. Is., XLIV, 1.

Je dois poursuivre l'étude que j'ai entreprise des mobiles intérieurs qui ont gouverné les actions publiques d'un Saint visiblement suscité de Dieu pour être un des principaux réformateurs de la société chrétienne de son siècle.

De quelle façon s'est-il acquitté de cette très importante, mais délicate mission? Je vais essayer de vous le dire.

Intrépide et fort comme un homme qui ne tient à rien dans ce monde, sinon à l'approbation de Dieu et au témoignage de sa conscience, saint Bernard n'a fait grâce à aucun vice, transigé avec aucune faiblesse, gardé le silence devant aucune prévarication. Constamment inspiré par son amour de l'idéal, il n'a pu supporter d'en voir ternir l'éclat ni autour, ni au-dessous, ni même au-dessus de lui. Au nom des droits inprescriptibles de la vérité et de la sainteté, il a toujours réclamé, avec une souveraine indépendance et une énergie indomptable, contre toutes les trahisons de la faiblesse humaine.

Son livre de la *Considération* et sa correspondance avec Innocent II et Eugène III prouvent a quel point il a été jaloux de l'honneur de la Papauté, et combien il eût souhaité de ne jamais trouver l'ombre même d'une tache dans ce soleil central du firmament de l'Église.

Son traité sur les *Mœurs des Évêques* montre la haute idée qu'il se faisait du caractère épiscopal, dont il se déclarait d'ailleurs absolument indigne.

Enfin, son *Apologie*, ses lettres à Pierre le Vénérable, à Suger, abbé de Saint-Denis, et à un grand nombre de religieux, ses sermons à ses moines, demeurent les irrécusables monuments de son zèle pour l'intégrité d'un état que l'on ne doit pas embrasser, si l'on n'est fermement résolu à marcher dans la voie de la perfection.

Mais si la mission du réformateur est utile au bien général, elle entraine une lourde responsabilité pour celui qui rappelle sans cesse les autres à l'héroïsme de la vertu. Le premier, il est justiciable de la sévérité qu'il déploie à l'égard de ses frères, et il ne doit pas s'exposer à ce que ceux-ci lui répètent le mot de l'Évangile : « Médecin, commencez par vous guérir vous-même. »[1]

Il y a eu dans tous les temps, il y a encore à notre époque, de prétendus réformateurs très ardents à signaler les fautes, les abus, les imperfections des institutions ou des hommes.

1. Luc., iv. 23.

Malheureusement pour eux, s'ils sont très habiles à voir la paille dans l'œil du prochain, ils ne se préoccupent en rien de la poutre qui est dans le leur. [1]

L'abbé de Clairvaux a été de ceux dont Bossuet a dit dans son immortel ouvrage des *Variations* : « Si on semblait leur refuser la réfor- » mation des mœurs, sans s'aigrir et sans » s'emporter, ils s'estimaient assez heureux de » ce que rien ne les empêchait de la faire par- » faitement en eux-mêmes. » [2]

Saint Bernard n'a jamais rien exigé des autres qu'il n'ait d'abord pratiqué lui-même, et contre lui-même avec la plus impitoyable rigueur. A l'exemple de son maître, il a commencé par faire avant d'enseigner. [3]

Il aurait rougi de dénoncer je ne dis pas seulement un vice, mais une faiblesse dont lui-même aurait été l'esclave. Sa droiture et sa loyauté lui eussent absolument interdit de demander compte aux autres de vertus qu'il n'aurait pas au préalable portées à toute la perfection possible.

Compatriote de saint Symphorien, l'héroïque

---

1. Matt. vii, 3.
2. Bossuet, *Variations.*
3. Cœpit facere et docere. (Act. Apost., i, 1.)

et ravissant premier martyr de notre cité
éduenne, il semble que saint Bernard se soit
proposé de prendre pour règle constante de toutes ses actions une des admirables réponses
faites par ce saint de dix-huit ans aux questions du juge Héraclius : « Il est dangereux de
» laisser passer un seul jour sans ajouter quel-
» que chose au progrès de son âme. » [1]

Aussi, c'est toujours à lui-même le premier
qu'il a dit avant de répéter aux autres, la chrétienne et chevaleresque devise : « En avant et
en haut ! »

Ne demandez donc pas quelle place la pureté,
le désintéressement, la pénitence, l'esprit de
pauvreté, la charité, le don et l'immolation de
soi-même ont tenue dans la vie de ce moine
qui a flétri avec tant d'énergie l'ambition, le
luxe, la luxure, l'indifférence aux intérêts du
royaume de Dieu, l'égoïsme sensuel de la vie
selon la nature et selon le monde. Ce qu'il a
enseigné, il l'a fait, et il n'y a jamais eu le
moindre désaccord entre ses actes et ses paroles.

Mais cette rigueur inexorable, et ce qu'on
appellerait de nos jours cette intransigeance

---

1. Periculosum est non quotidie ad profectum animæ aliquid
addere. (Dom. Ruinart, *Acta sincera S. Symphor.*, mart.)

des saints, n'a-t-elle pas ses inconvénients et
ses périls?

A force d'aller en avant et en haut, ces héros
de la perfection ne s'éloignent-ils pas de nous
à de telles distances que nous ne pouvons plus
même essayer de les suivre, et qu'il ne saurait plus être sérieusement question pour nous
de les prendre pour modèles?

Il nous serait commode en effet d'être auto-
risés à dire : les saints ne sont pas des êtres
semblables à nous; il n'est pas juste de se pré-
valoir de leurs vertus pour nous demander
compte de nos défaillances. D'eux à nous, la
comparaison n'est pas possible : ils étaient des
saints, nous ne sommes que de pauvres mortels : tout s'explique.

Non, mes chers Frères, tout ne s'explique
pas. Nous ne pouvons pas opposer cette fin de
non-recevoir aux enseignements qu'ils nous
donnent, ni aux exemples qu'ils nous ont lais-
sés. Sans doute, leur fidélité à la grâce les a
élevés bien au-dessus de nous; mais il n'ont pas
cessé pour cela d'être nos semblables et nos
frères. Tenons compte, comme il est juste, de
la prédestination particulière et des privilèges
surnaturels dont ils ont été favorisés. Néan-
moins, ce qui nous sépare d'eux, ce n'est pas

une différence essentielle et irréductible de nature ; c'est l'usage plus intelligent et plus courageux qu'ils ont su faire de tant de secours dont la libéralité divine ne se montre guère moins prodigue envers nous qu'envers eux.

Non, Dieu merci, nous n'avons pas affaire à des êtres qui ne soient pas de notre race et de notre sang. Parmi eux, il n'en est pas un qui ne puisse nous répéter ce que Job répondait à ses amis quand ils le blâmaient de ses plaintes : « Je n'ai pas la dureté du granit, et ma » chair n'est pas d'airain. »[1]

Oh! qu'il est encourageant pour nous de constater que les saints étaient hommes comme nous, et, comme nous, accessibles à la douleur.

A quel point je me sens pris de sympathie et de confiance pour saint Bernard, quand je l'entends dire avec un accent qui me remue jusqu'au fond de l'âme : « Je meurs dans chacun » de ceux que j'ai connus et aimés[2] », et cette autre parole qui paraît d'une étrange hardiesse

1, Nec fortitudo lapidum fortitudo mea, nec caro mea ænea est. (Job, VI, 12.)

2. Ego morior in singulis. (In obitu Humberti monachi Claravall.. n° 6.)

sur, ses lèvres : « J'ai horreur de ma mort et
» de la mort des miens. » [1]

Dans cet ordre d'idées, je m'en voudrais de
ne pas mentionner ici une explosion de sensi-
bilité à laquelle nous sommes redevables d'un
des plus beaux mouvements oratoires dont
fasse mention l'histoire de l'éloquence profane
et sacrée.

Gérard, frère de Bernard, un de ceux qui,
dès la première heure, l'avaient suivi dans le
cloître, son confident intime et son dévoué sou-
tien au milieu de ses incessants labeurs, Gérard venait de mourir.

Les derniers devoirs lui avaient été rendus.
Bernard lui-même, comme abbé du monastère,
avait présidé les funérailles. Il avait chanté la
messe, accompli tous les rites sacrés, conduit
le convoi au cimetière, jeté sur le cadavre une
poignée de terre, et tout cela, les yeux secs,
tandis qu'autour de lui tous pleuraient et étaient
étonnés de voir que lui seul ne pleurait pas.

Le lendemain, à l'heure accoutumée, tous les
moines convoqués par le son de la cloche étant
rangés autour de lui, Bernard avait repris, à

1. Non sum fateor insensibilis ad pœnas. Horreo mortem meam
et meorum. (*In Cant.* serm. XXVI. n° 9.)

l'endroit même où il s'était interrompu quelques jours auparavant, l'explication du Cantique
de Salomon. Il semblait maître de lui, comme
si rien d'extraordinaire ne se fût passé dans le
monastère. Ses religieux en étaient-ils scan-
dalisés ou édifiés? Je ne le saurais dire.

Pendant quelques minutes, le commentaire
du texte est poursuivi par le docte exégète
d'après sa méthode accoutumée. Son calme
paraît d'autant plus surprenant que, par une
coïncidence inattendue, le verset qu'il explique semble contenir des allusions directes à
sa récente et poignante épreuve. Les « taber-
» nacles de Cédar[1], dit-il, ne sont-ils pas l'image
» de ce corps mortel dans lequel l'âme exilée
» vit, travaille, combat, jusqu'au jour où Dieu
» l'appelle à sortir des ténèbres de la vie pré-
» sente et à jouir de la lumière? Voilà pour-
» quoi, avec saint Paul, les serviteurs de Dieu
» ont hâte d'être délivrés de ce corps de mort,
» et soupirent après l'heure où ils entreront
» dans la sécurité de la paix éternelle. » Après
ce début, les auditeurs de Bernard s'attendent
sans doute à ce qu'il ait le courage surhumain
de braver tous les sentiments de la nature. Il

---

1. Cant. i, 4.

va dire combien Gérard est heureux d'avoir quitté la ténébreuse prison de ce monde...

Soudain le visage de l'orateur se trouble; sa voix tremble d'émotion. Ce ne sont plus des paroles, ce sont des sanglots qui s'échappent de sa poitrine haletante. Emporté par l'excès de sa douleur, il ose dire : « Qu'y a-t-il de » commun entre ce cantique et moi, qui suis » plongé dans l'amertume? » On croit le voir, d'un geste audacieux et superbe, refermer le livre sacré ouvert devant lui. C'est le pathéti-que porté jusqu'au sublime. « Hier, vous avez » vu par quel effort de foi j'ai lutté contre tous » les sentiments de la nature, afin de ne pas » paraître ému du coup terrible dont venait de » me frapper la juste et puissante volonté de » Dieu. Mais plus j'ai comprimé cette douleur » pour n'en rien laisser paraître au dehors, et » plus je sens qu'elle éclate malgré moi. Oui, » je l'avoue, je suis vaincu. Coulez donc, cou- » lez mes larmes, vous que j'ai trop compri- » mées; échappez-vous en présence de mes fils, » afin qu'ils aient compassion de mon deuil et » s'en fassent les tendres consolateurs ! » [1]

Puis, avec l'irrésistible abondance de ses

1. Serm. LVI. *In Cant.*

souvenirs et de son affection, il commence et
poursuit ce panégyrique de son frère que l'on
doit ranger parmi les chefs-d'œuvre de l'éloquence spontanée, qui jaillit comme d'elle-
même d'une âme blessée à fond par une immense douleur. Aux larmes de celui qui parle
se mêlent les larmes silencieuses de ceux qui
écoutent! O pleurs des saints, que vous m'êtes
secourables et combien, encore une fois, je
remercie Dieu d'avoir doué d'une telle tendresse
ceux qui sont nos modèles et nos maîtres dans
la science difficile de la vie chrétienne. Non,
les saints ne sont pas des êtres à part. Ils sont
hommes comme je le suis. C'est un cœur
semblable au mien qui bat dans leurs poi-
trines. Aussi je ne dois donc pas me défier
d'eux; je puis les suivre avec confiance quand
ils m'exhortent à me conduire avec vaillance et
générosité; quand ils me crient : « En avant et
en haut ! »

La dernière fois que Bernard fit entendre
en dehors de son monastère cette voix brisée
par les travaux incessants de l'apostolat et les
austérités de la pénitence, ce fut au service
d'une ville dont nous ne devons prononcer ici le
nom qu'avec une respectueuse et patriotique
douleur : METZ.

C'était au printemps de 1153. Depuis long-
temps minées par de continuelles maladies, les
forces de Bernard déclinaient rapidement. Il
avait lui-même conscience qu'il touchait au
terme et, toujours inspiré par ses souvenirs
de l'Écriture, il disait à l'imitation de saint
Paul : « Je sens que ma vie s'en va goutte à
goutte. »[1]

Il ne songeait plus qu'à se préparer, par un
recueillement plus profond, à cette solennelle
confrontation avec le Dieu de toute sainteté
devant laquelle les plus saints eux-mêmes
éprouvent le besoin de se purifier toujours
davantage.[2]

Tout d'un coup, on annonce l'arrivée de l'archevêque de Trèves. Il vient, au nom de son
suffragant, l'évêque de Metz, dont la ville épis-
copale est en proie à la guerre civile. Deux
partis sont aux prises l'un contre l'autre. La
lutte fratricide dure depuis plusieurs jours. Le
sang a déjà coulé. Dans la partie de la popu-
lation qui ne porte pas les armes, ce n'est
qu'un cri dans lequel nous trouvons l'hommage
le plus saisissant rendu à l'autorité morale

1. Guttatim defluo. (Epist. 270.)
2. Apoc. xxii. 11.

de l'abbé de Clairvaux : « Que Bernard vienne ! »

L'archevêque de Trèves se fait l'avocat du pasteur et du peuple désolés. Il insiste, il supplie pour que le mourant quitte sa couche et consente à entreprendre un long et difficile voyage. Il s'agit de donner à Dieu et aux hommes un gage suprême de charité. Bernard ne peut pas résister, il se met en route avec l'archevêque et, après quelques jours, il arrive à Metz.

Une première tentative de pacification demeure infructueuse. Le saint ne se déconcerte pas. Il continue à prier, à bénir les foules qui se pressent autour de lui, à guérir les malades qu'on lui amène. Puis il assigne aux chefs des deux partis belligérants un rendez-vous dans l'île formée par la Moselle au-dessous des murailles de la ville. Il s'y rend, suivi à peu de distance par un pauvre aveugle, qui s'était jeté dans une barque de pêcheur et avait supplié qu'on le conduisît à l'abbé de Clairvaux. En présence même de ces guerriers farouches qui semblent ne vouloir entendre à aucune proposition de concorde, et se mesurent d'un regard provocateur, Bernard invoque la toute-puissance du Père des miséricordes

et pose ses mains sur les yeux éteints de l'in-
firme : l'aveugle recouvre la vue. Ce prodige
saisit les assistants d'un religieux enthousiasme. Eux aussi se trouvent soudainement
guéris de la cécité morale qui les empêchait
de voir la laideur de la haine et de la discorde !
Plus de rivalités ! Plus de combats ! La récon-
ciliation ! La paix ! L'amour fraternel ! Bernard
s'en va, escorté des bénédictions de ce peuple
qu'il a sauvé de la ruine, et auprès duquel il a
été le messager visible et l'ange de la paix de
Dieu.

O Bernard, souvenez-vous de la cité à
laquelle vous avez donné, avec les derniers
restes de votre voix, les suprêmes élans de
votre zèle et de votre charité ! Metz n'est plus
déchirée par les discordes civiles comme au
temps où vous fîtes apparition dans ses murs,
mais elle porte des vêtements de deuil. Elle
souffre d'être séparée de nous. Vingt années
d'occupation étrangère n'ont pu la faire renon-
cer à être française. O Bernard ! écoutez ses
supplications et les nôtres !

A l'heure où je parle, les nations européennes,
armées jusqu'aux dents, semblent n'avoir
d'autre souci que de se dépasser les unes les
autres dans la science terrible de perfectionner

toujours davantage les engins de destruction.
Quand donc verrons-nous reparaître un de ces
hommes à la parole puissante et bénie de
Dieu, un homme qui, avec l'éloquence et la
sainteté d'un Bernard, persuaderait à ces
peuples, suivant l'oracle d'Isaïe, « de changer
leurs épées en socs de charrue et leurs lances
» en faucilles[1] ? » Je traduis en langage mo-
derne ces images du style prophétique, et avec
tous les chrétiens, j'exprime un vœu que je
confie avec vous à l'infinie charité du cœur
de Jésus-Christ. Vienne bientôt, par sa grâce,
le temps où les milliards employés chaque
année aux budgets préventifs de la guerre ser-
viront à résoudre, dans la lumière et la paix
de l'Évangile, les multiples difficultés du problème social ! L'apostolique initiative de
Léon XIII[2] nous trace la voie et nous rappelle
nos devoirs. Travaillons tous à rapprocher
le pauvre et le riche, l'ouvrier et le patron, le
prolétaire et le capitaliste : persuadons-leur de
s'unir pour travailler de concert à la plus
grande diffusion du règne de Dieu sur la terre.[3]

1. Is., II, 4.
2. L'encyclique *Rerum novarum* du 15 mai 1891.
3. Reddam populis labium electum ut invocent omnes in nomine
Domini, et serviant ei humero uno (Soph., III. 9.)

Immédiatement après ce voyage triomphal, Bernard était rentré à Clairvaux. Quelques mois encore lui restaient pour achever de se consumer dans une prière toujours plus ardente et un plus continuel désir d'aller à Dieu.

Partagé, comme saint Martin, entre deux sentiments, Bernard aurait voulu pouvoir céder aux supplications de sa famille religieuse et demeurer encore au milieu d'elle pour la garder, la conduire et la défendre. Mais la loi à laquelle il avait obéi depuis sa plus tendre enfance devait avoir le dernier mot dans ce conflit sublime de la charité envers les hommes et de la charité envers Dieu. Un jour, dans une de ses instructions à ses moines, Bernard avait livré en quelques mots le secret de toute sa vie : « En haut le cœur! En haut les » désirs! En haut la pensée! En haut les » efforts de la volonté[1]! » Le 20 août 1153, une dernière secousse rompait les liens de cette âme avec un corps exténué par la pénitence, et la soulevait d'un suprême élan en avant et en haut, pour la porter jusqu'au sein de Dieu, *ad ea quæ priora! quæ sursùm sunt!*

---

1. Sursum cor! Sursum desideria! Sursum conversatio! Sursum intentio! (Serm. 16. in Ps. *Qui habitat.* n° 4.)

Une plainte malheureusement trop justifiée revient souvent de nos jours sur les lèvres des prédicateurs de l'Évangile, et même sous la plume des moralistes qui, sans partager nos préoccupations et nos angoisses religieuses, étudient l'état présent du monde.

Les uns et les autres constatent avec tristesse le « terre à terre » dans lequel vivent et meurent un si grand nombre d'hommes qui ne semblent plus être régis que par des instincts et des intérêts matériels.

Ce n'est pas tout. De ce fait, si lamentable en lui-même, est sortie une philosophie qui se donne pour le dernier mot de la science et du progrès.

Le positivisme, pour appeler cette philosophie du nom qu'elle-même s'est donné, dénie à l'homme la puissance et le droit de se rattacher à un principe qui le domine et à des espérances qui dépassent les étroits horizons de son existence actuelle.

Il entend d'ailleurs régner en maître sur la science, la littérature, l'art, et imposer ses méthodes à l'éducation. Il a résolu de mettre la jeunesse en garde contre toute transcendance métaphysique. Il l'enferme dans une prison

plus obscure que cette fameuse caverne de
Platon, où se reflétaient du moins, pour la
consolation et l'instruction des captifs, les
ombres projetées par les réalités du monde
supérieur. Plus d'idéal ! Rien, absolument rien
au-dessus de ce qui se voit, se touche, et pèse,
se mesure, s'achète et se vend !

L'âme est-elle immortelle? Y a-t-il une sanc-
tion ultérieure du devoir accompli ou méconnu?
L'instinct de la survivance est-il l'indice d'une
loi constitutive de l'humanité ou une pure chimère ? La religion de Jésus-Christ est-elle
autre chose qu'une mythologie plus raffinée,
mais non moins mensongère que le culte des
divinités de l'Olympe? Dieu est-il le premier
principe et la fin nécessaire de l'univers, indispensable à la conscience pour l'éclairer et la
soutenir au milieu des obscurités et des luttes
douloureuses de la vie, ou bien n'est-ce qu'une
formule vieillie, usée, dont l'homme doit désormais se passer?

Sur toutes ces questions fondamentales, le
positivisme garde un silence systématique et
meurtrier, décoré par lui du nom hypocrite de
neutralité.

Ce silence, les maîtres le gardent devant ces
jeunes générations auxquelles il s'agit de per-

suader qu'il est indifférent de prendre parti
entre le spiritualisme et le matérialisme, le
fatalisme et la liberté, l'affirmation et la néga-
tion de Dieu.

Non moins significatif, sinon plus coupable,
est le silence de ces dépositaires de la puissance publique auxquels, même dans les plus
solennelles et touchantes circonstances de la vie
nationale, il n'arrive jamais de prononcer le
nom de Dieu, ni de faire l'allusion la plus loin-
taine à l'existence du sentiment religieux?

Lâche et dégradant mutisme! Veut-on que
les étrangers puissent croire que la France
n'est plus une nation spiritualiste et chrétienne? Non, nous ne saurions nous résigner à
une telle honte. Il me souvient de la parole
énergique inspirée un jour à Camille Desmou-
lins par son mépris pour le langage que
tenaient les Chaumette et les Marat, dans les
séances des clubs et dans leurs infâmes jour-
naux : « Faites attention, s'écriait le courageux
publiciste qui paya de sa tête son loyal amour
de la liberté, faites attention, un égout n'est
pas la Seine. » Et nous, avec la double énergie
de notre foi et de notre patriotisme, nous
disons : Prenez garde, vous qui seriez tentés
de nous juger par ces tristes sectaires. Ils ne

sont pas la France de saint Bernard et de saint Louis, de Pascal et de Bossuet, de Lacordaire et de Lamartine. Jamais, ils ne seront la vraie France !

Mais il n'y a pas de temps à perdre, si nous voulons empêcher ce dégradant « terre à terre » d'établir son empire définitif sur les idées et sur les mœurs de notre pays.

Parlant un jour des assauts livrés à l'Église par les hérétiques et les révolutionnaires du douzième siècle, saint Bernard laissait échapper de son âme attristée cette plainte significative : « Ce qui m'émeut pour elle, disait-il, » c'est la multitude de ceux qui cherchent à la » détruire, le petit nombre de ses défenseurs et » la difficulté de la défendre. »[1]

J'applique ces paroles, non seulement à l'Église catholique, mais aux vérités rationnelles dont elle est la gardienne et la dépositaire. Moi aussi, je suis ému par la multitude de ceux qui travaillent à détruire dans les âmes ces éternels principes, aussi nécessaires à la grandeur des peuples qu'à la conduite morale des individus : *Movet me multitudo demolientium.*

1. Movet me pro ipsa multitudo demolientium, defensantium paucitas, difficultas defensionis. (S. in Cant. LXV., n° 1.)

Mais puisque ceux qui attaquent sont nombreux comme une légion, il faut que de notre côté se lèvent tous ceux qui sont en état de combattre, et que la vérité ne puisse pas se plaindre du petit nombre de ses défenseurs.

La défense est difficile, je ne l'ignore pas. C'est un motif de plus de ne pas nous endormir dans une lâche nonchalance, et de ne pas laisser les adversaires manier seuls ces armes de la science, de la parole, de la presse, dont ils sont si habiles à se servir.

Debout, chrétiens ! Je vous redis l'appel des vaillants Machabées à leurs compatriotes pour empêcher la Judée de subir le joug de l'impie Antiochus ! Debout ! Empêchons qu'on ne traîne aux gémonies ce siècle de l'ère chrétienne dont nous sommes les fils : *Erigamus dejectionem populi nostri*[1]. Comme les soldats engagés dans la bataille, redisons-nous les uns aux autres, pour nous soutenir et nous entraîner mutuellement, ce mot d'ordre dont la vie de saint Bernard a été le saisissant commentaire : « En avant et en haut ! » *Ad ea quæ sunt priora ! Quæ sursum sunt !*

1. I. Mach., III, 43.

Autun. — Dejussieu, imp. de l'Évêché.

www.ingramcontent.com/pod-product-compliance
Lightning Source LLC
LaVergne TN
LVHW051502090426
835512LV00010B/2286